TABLEAU
DES
USANCES
ET
JOURS D'ÉCHÉANCES
ADMIS
DANS LES PRINCIPALES VILLES DE COMMERCE;

Par M. GORNEAU.

A PARIS,

Chez l'Auteur, Cloître Saint-Merry.

M. DCC. LXXXV.

AVEC APPROBATION ET PERMISSION.

ADDITIONS, & Fautes à corriger.

AIX. (*Ajouter.*) Les jours de grace font en faveur du Porteur, qui peut, fi bon lui femble, attendre 10 jours pour les Lettres-de-change & Billets valeur reçue comptant, & 3 mois pour les Billets en marchandifes.

ARLES, *10* jours *au lieu de 9* jours.

AVERTISSEMENT.

ON a demandé depuis long-temps un Tableau qui fît connoître aux Négocians les jours de grace & l'échéance des Effets de Commerce. J'ai fait ce Tableau après m'être assuré des regles & des usages des principales Villes, tant par des autorités particulieres, que par les Certificats d'un grand nombre de Jurisdictions Consulaires. Comme je n'ai eu en vue que l'utilité générale, je prie Messieurs les Négocians, s'ils reconnoissoient des erreurs dans ce Tableau, de vouloir bien m'en instruire directement, & de m'indiquer les Villes qu'il conviendroit d'y ajouter, avec les usages & les regles particulieres qui s'y observent, afin que dans une nouvelle Edition on puiſſe rectifier les erreurs involontaires qui auroient pu ſe gliſſer dans celle-ci.

GORNEAU.

TABLEAU DES USANCES ET JOURS D'ÉCHÉANCES

Admis dans les principales Villes de Commerce.

NOMS DES VILLES.	OBSERVATIONS.
ABBEVILLE, Ville de France dans la Picardie.	LES Lettres-de-change ont dix jours de grace, excepté celles à vue, qui doivent être payées ou protestées à présentation, ou, au plus tard, vingt-quatre heures après, comme auffi celles à jour *préfix*. Les Billets, valeur reçue comptant, dix jours de grace. Billets en marchandife, un mois; & deux mois pour les diligences (1). Certificat des Juge & Confuls, du 30 Mai 1783. (1) C'eft-à-dire que le Porteur doit fe préfenter dans les trois mois.

NOMS DES VILLES.	OBSERVATIONS.
AGDE, Ville de France dans le Bas-Languedoc.	*Voyez* ALAIS.
AGEN, Ville de France, Capitale de l'Agénois, Province de la Guienne.	*Voyez* ALAIS.
AIGLE (L'), Ville de France dans la Baſſe-Normandie.	Comme à ROUEN.
AIRE en Artois.	Les Lettres-de-change 10 jours. Billets, valeur comptant, 10 jours. Billets en marchandiſes, 1 mois. *Voyez* la Note ſur Saint-Quentin.
AIX, Ville de France, Capitale de la Provence,	

NOMS DES VILLES.	OBSERVATIONS.
ALAIS, Ville de France dans le Bas-Languedoc.	Le Porteur d'une Lettre-de-change peut protester le lendemain de l'échéance, ou attendre 10 jours. Il en est de même pour les Billets. On peut même ne protester que, dans les 3 mois, ceux en marchandises.
ALBI *ou* ALBY, Ville de France dans le Haut-Languedoc.	*Voyez* ALAIS.
ALENÇON, Ville de France dans la Normandie.	Comme à PARIS. Certificat des Juge-Consuls d'Alençon, du 3 Décembre 1782.
AMBLETUZE, Ville de France dans la Picardie.	Comme à PARIS. *Voyez* AMIENS.
AMBOISE, Ville de France dans la Touraine.	*Voyez* TOURS.

NOMS DES VILLES.	*OBSERVATIONS.*
AMBRES, Ville de France dans le Haut-Languedoc.	Comme à ALAIS.
AMIENS, Ville Capitale de la Picardie.	Comme à PARIS. Certificat des Juge & Consuls, 3 Janvier 1783.
AMSTERDAM, Ville de Hollande.	L'Usance d'Amsterdam est comptée du mois tel qu'il est, & non de 30 jours. Amsterdam tire pour l'ordinaire sur les Places de sa correspondance : Sçavoir ; Sur Dantzic, à 40 jours de date. Francfort, à usance de 14 jours de vue, ou en Foire. Konigsberg, à 41 jours de date. Lille, à usance d'un mois après la date. Breslaw, à six semaines de date. Sur Cadix, Gênes, Livourne, Madrid, Venise, } à usance de 2 mois ou de 60 jours de date. Sur Geneve, à deux usances de 30 jours de date. Sur Londres, Paris, } *Idem.* Sur Hambourg, à quelques semaines de date. Vienne, à usance de 14 jours de vue. Leipsick, en Foires.

NOMS DES VILLES.	OBSERVATIONS.
ANCÔNE, Ville d'Italie.	*Voyez* LIVOURNE.
ANDUSE, Ville de France, dans le Bas-Languedoc.	Comme à ALAIS.
ANGERS, Capitale du Duché d'Anjou.	Dans cette Ville & ſon arrondiſſement, Les Lettres de Change & Billets, valeur comptant, } 10 jours de grace. En Marchandiſes, un ou trois mois, à la volonté du Porteur, à jour préfix ou en Foire, point de jours de grace. Certificat du 4 Janvier 1783.
ANGOULÊME, Capitale de l'Angoumois.	Lettres de Change, Billets, valeur comptant, Billets en marchandiſes, } 10 jours de grace. Le Porteur a cependant la faculté de ne faire le protêt d'un billet en marchandiſes, que dans les trois mois, ſans nuire à ſon action en garantie. Certificat du 30 Mai 1783.
APT, en Provence.	Comme à ARLES.

NOMS DES VILLES.	*OBSERVATIONS.*
ARLES en Provence.	Il n'y a point de jours de grace; cependant les Porteurs ont la faculté d'attendre 9 jours pour les Lettres-de-change & Billets, valeur reçue comptant; Et même trois mois pour ceux valeur en marchandises, sans pour cela perdre leur action en garantie. Certificat du 6 Janvier 1783.
ARMENTIERES, Ville des Pays-Bas.	Comme à LILLE.
ARRAS, Capitale de l'Artois.	Lettres-de-change, } 10 jours. Billets valeur comptant, } Billets en marchandises, 1 mois.
ATH, Ville des Pays-Bas, dans le Hainaut.	Comme à VALENCIENNES.
AVALONS, Ville de France en Bourgogne.	Comme à DIJON.
AUBUSSON, Ville de France, dans la Marche.	Comme à LIMOGES.

NOMS DES VILLES.	OBSERVATIONS.
AUGSBOURG ou AUGUSTE, Ville d'Allemagne, Capitale de la Souabe.	Toutes les Lettres-de-change ſe paient par écriture, comme celles ſur *Lyon*, *payables en paiement :* ces *viremens* ou *compenſations* ſe font tous les Mardis de chaque ſemaine; le lendemain on paie, au comptant ou en aſſignations, le ſolde des Parties qui n'ont *pu ſe rencontrer*. Les Lettres qui échoient le Mardi, n'ont qu'un jour de *reſpect* ou de grace, parce qu'elles doivent être payées le lendemain Mercredi. Celles qui échoient un Mercredi, jouiſſent de 8 jours de grace, parce qu'elles ne ſont payées que le Mercredi de la ſemaine ſuivante. Les Lettres à uſance doivent être acceptées à leur préſentation; mais celles à 2, 3 & 4 uſances, ne le ſont que 15 jours avant leur échéance.
AVESNE, Ville de France, dans le Hainaut.	Les Lettres-de-change, Billets valeur comptant, Billets en marchandiſes, ſont exigibles 6 jours après l'échéance. Edit de 1718.
AVIGNON.	Comme à BORDEAUX.
AUMALE, Ville de France, dans la Haute-Normandie.	Comme à ROUEN.
AURAIS, Ville & Port de France, dans la Baſſe-Bretagne.	Comme à RENNES.

NOMS DES VILLES.	OBSERVATIONS.
AURILLAC, Ville de France, dans la Basse-Auvergne.	Comme à PARIS.
AUTUN, Ville de France, en Bourgogne.	Comme à DIJON.
AUXERRE, Ville de France, en Bourgogne.	Comme à PARIS. Certificat du 14 Juin 1783.
AUXONNE, Ville de France, en Bourgogne.	Comme à DIJON.
BASLE, en Suisse.	*Voyez* BERNE & GENEVE.
BAPAUME, Ville de France, dans l'Artois, cinq lieues d'Arras.	Lettres-de-change, } Billets valeur comptant, } 10 jours. Billets en marchandises, 1 mois. Certificat des Juges & Echevins, du 23 Janvier 1782.
BARCELONE, Ville maritime d'Espagne.	L'usance des Lettres de Barcelone est réputée de 60 jours de date.

NOMS DES VILLES.	OBSERVATIONS.
BARFLEUR, Ville de France, dans le Côtentin, en Normandie.	Comme à ROUEN.
BAR-SUR-AUBE, Ville de France, dans la Champagne.	Comme à TROYES.
BAR-SUR-SEINE, Ville de France, en Bourgogne.	Comme à DIJON.
BAVEY, Ville de France, dans le Hainaut.	Les Lettres-de-change, Billets valeur comptant, & Billets en marchandises, sont exigibles 6 jours après l'échéance. Edit de 1718.
BAYEUX, Ville de France, en Normandie	Comme à PARIS.
BAYONNE, Ville de France, en Gascogne, Capitale du Labour-	Dans la rigueur, tous Billets & Lettres-de-change ne jouissent d'aucuns jours de grace; mais il est d'usage assez constamment reçu, que le Porteur ne se présente pour toutes sortes d'Effets, que le dixieme jour; c'est-à-dire, qu'on n'envoie recevoir que le 30 une Lettre ou Billet échu le 20. Cependant, si l'on se présentoit le lendemain 21, on pourroit protester faute de paiement. Certificat des Juge & Consuls de Bayonne, du 11 Février 1783.

NOMS DES VILLES.	*OBSERVATIONS.*
BEAUCAIRE, Ville de France, en Languedoc.	Comme à TOULOUSE. *Nota.* Les Effets payables en Foire, ne peuvent *s'exiger* ou *protester* que le dernier jour de la Foire.
BEAUFORT, en Anjou.	Comme à ANGERS.
BEAUFORT, en Champagne.	Comme à TROYES.
BEAUJEU, Ville de France, dans le Beaujolois.	Comme à PARIS.
BEAUMONT, Ville de France, dans le Hainaut.	Comme à VALENCIENNES. Edit de 1718.
BEAUMONT-SUR-OISE.	Comme à PARIS.
BEAUMONT-LE-ROGER, Ville de France, en Normandie.	Comme à ROUEN.
BEAUVAIS, Ville de France, Capitale du Beauvoisis.	Comme à PARIS.

NOMS DES VILLES.	OBSERVATIONS.
BESANÇON.	Les délais ſont les mêmes que ceux établis par l'Arrêt du Parlement de Bourgogne. *Voyez* DIJON.
BERGAME.	Les Lettres-de-change tirées ſur Bergame, n'ont aucuns jours de grace. Elles doivent être préſentées à l'acceptation le même jour qu'on les reçoit; à défaut d'acceptation, on doit les proteſter, ainſi que le jour de l'échéance, à défaut de païement. Les protêts doivent être faits à la banque de la Juriſdiction de Commerce. *Nota.* Bergame tire ſur les Places de ſa correſpondance, aux mêmes uſances que Veniſe. L'uſance des Lettres-de-change tirées de Veniſe & Milan ſur Bergame, y eſt compoſée de vingt jours; & celles tirées de Zurich, de quinze jours après l'acceptation.
BERLIN.	L'uſance de Berlin, pour la plupart des Places de ſa correſpondance, eſt de quinze jours de vue; & celle des Lettres ſur Berlin, eſt de quatorze jours. Toutes les Lettres ſur Berlin ont trois jours de faveur; mais il faut proteſter le troiſieme jour.
BERNAI, Ville de France, en Normandie.	Comme à ROUEN.
BERNE, EN SUISSE.	Il n'y a point de Change établi à Berne : on s'y regle ſur Geneve.

NOMS DES VILLES.	OBSERVATIONS.
BETHUNE, Ville de France, en Artois.	Les Lettres-de-change, Billets valeur reçue comptant, } 10 jours. Billets en marchandiſes, 1 mois. *Voyez* SAINT-QUENTIN.
BEZIERS, Ville de France, en Languedoc.	Comme à TOULOUSE.
BLAYE, Ville de France, en Guienne, dans le Bordelois.	Comme à BORDEAUX.
BLOIS, Ville de France, Capitale du Bléſois.	Comme à CHARTRES.
BOLOGNE, Ville d'Italie.	L'uſance des Lettres-de-change ſur Bologne, eſt comptée de huit jours après l'acceptation, non compris celui de l'acceptation, ni celui de l'échéance; enſorte qu'une Lettre à uſance qui ſeroit acceptée, par exemple, le 3 du mois, devroit être payée le 12 du même mois, ou proteſtée le même jour, à moins que ce ne fût un jour de Fête. En ce cas, cette Lettre ne devroit être payée que le premier jour ouvrier ſuivant; & à défaut de paiement, proteſtée le même jour.
BOUCHAIN, Ville du Hainaut.	Les Lettres-de-change, Billets valeur comptant, & Billets en marchandiſes, ſont exigibles ſix jours après l'échéance. Edit de 1718.

BOULOGNE

NOMS DES VILLES.	OBSERVATIONS.
BOULOGNE-SUR-MER, Ville de France, en Picardie.	Comme à PARIS. Voyez AMIENS.
BORDEAUX.	Lettres-de-change, ... / Billets valeur comptant (1) . / Billets en marchandiſes, . . . } 10 jours que le Porteur peut accorder ou refuſer : mais qu'il eſt d'uſage d'accorder. Le protêt d'un billet en marchandiſes peut être différé de trois mois, ſans nuire à la garantie du Porteur. *Nota.* Il ſe tient deux foires conſidérables par années à Bordeaux : elles durent quinze jours chacune ; leur franchiſe conſiſte dans l'exemption du droit de comptablie (2). La premiere de ces deux foires ſe nomme *Foire de Mars*, parce qu'elle commence le premier de ce mois ; la ſeconde, nommée *Foire d'Octobre*, commence le quinze dudit mois. Les billets payables à un jour fixe de la foire doivent être, à la rigueur, payés ou proteſtés le même jour. Il eſt cependant d'uſage de garder les protêts juſqu'au dernier jour de la foire. Les billets payables indéfiniment en foire, ne ſont exigibles, & ne peuvent être proteſtés que le dernier jour de la foire. Certificat du 11 Janvier 1783. (1) Et ſont réputés tels tous les billets qui ſont exprimés autrement qu'en marchandiſes. (2) Droit qui ſe leve au profit du Roi dans la Sénéchauſſée de Bordeaux, à l'entrée & à la ſortie des marchandiſes.

NOMS DES VILLES.	*OBSERVATIONS.*
BOURGES, Ville de France, Capitale du Berry.	Comme à PARIS. Certificat du 17 Mai 1783.
BRESLAW, Ville d'Allemagne, ſur l'Oder.	Six jours de grace.
BREST, Ville Maritime, en Bretagne.	Comme à RENNES.
BRIOUDE, Ville de France, dans la Baſſe-Auvergne.	Lettres-de-change, } 10 jours. Billets valeur reçue comptant, } 10 jours. Billets en marchandiſes, 1 mois. Il n'y a point de jours de grace, lorſque l'effet eſt payable à jour préfix. Certificat des Conſuls de Brioude, du 12 Janvier 1783.
BRUXELLES, Ville du Pays-Bas, Capitale du Brabant.	Comme à LILLE.

NOMS DES VILLES.	OBSERVATIONS.
CAEN, Capitale de la Basse-Normandie.	Et dans les Villes circonvoisines, les Lettres-de-change & les billets valeur reçue comptant, 10 jours de grace. Les billets en marchandises, un ou trois mois, à la volonté du Porteur. Certificat du 16 Janvier 1783.
CADIX, Ville Maritime d'Espagne.	L'usance des Lettres tirées de Cadix sur Amsterdam, Londres, Paris, Gênes & Livournes, est de deux mois de date; & sur Lisbonne l'usance est de 15 jours de vue. L'usance des Lettres-de-change de l'Etranger sur Cadix est de 60 jours de la date des Lettres, & non de deux mois comme ils se rencontrent. Les 60 jours se comptent du jour de la date jusqu'au 60e jour. Les jours de grace sont au nombre de six, qui commencent le lendemain de l'échéance, & finissent le sixieme jour, auquel il faut recevoir ou faire protester.
CAHORS, Ville de France, Capitale du Quercy.	Comme à TOULOUSE.
CALAIS, Ville Maritime de France, en Picardie.	Comme à PARIS.
CAMBRAI, Capitale du Cambresis.	Six jours de grace pour toutes sortes d'effets. *Nota.* Cette regle a lieu pour tout le Cambresis. Acte de notoriété du 15 Septembre 1783.

NOMS DES VILLES.	*OBSERVATIONS.*
CARCASSONNE, dans le Languedoc.	Le Porteur a la faculté de protester à l'échéance, ou d'attendre 10 jours pour les Lettres-de-change & billets valeur reçue comptant, & trois mois pour les billets en marchandises.
CASTELNAUDARI, dans le Haut-Languedoc.	Comme à TOULOUSE.
CASTRES, dans le Haut-Languedoc.	Comme à TOULOUSE.
CHALONS-SUR-MARNE, en Champagne.	Les Lettres-de-change ont 10 jours de grace : 1°. Celles payables à jour fix ou préfix ne jouissent d'aucuns jours de faveur; 2°. Celles payables en foires doivent être payées ou protestées le dernier jour de la Foire. Billets valeur reçue comptant, 10 jours. Billets en marchandises, un ou trois mois. A jour fix, point de jours de grace. Certificat des Juge & Consuls, du 15 Mars 1783.
CHALONS-SUR-SAONE, en Bourgogne.	Comme à DIJON.

NOMS DES VILLES.	OBSERVATIONS.
CHARLEVILLE, en Champagne.	Comme à TROYES.
CHARTRES, Capitale du Pays Chartrain & de la Beauce.	Comme à PARIS. Certificat des Juge & Consuls de Chartres, du 2 Janvier 1783. *Voyez* PARIS.
CHATEAU-GONTIER, en Anjou.	Comme à ANGERS.
CHATELLERAULT, en Poitou.	Les Lettres-de-change, Billets valeur comptant, Billets en marchandises, } 10 jours de grace. *Nota*. Pour les billets en marchandises, le Porteur peut attendre trois mois sans perdre son recours. On ne proteste point la veille des Fêtes. Certificat des Juge & Consuls, du 8 Février 1783.
CHAUMONT, en Champagne.	Comme à TROYES.
CHERBOURG, en Normandie.	Comme à ROUEN.
CHIMAI, dans le Hainaut.	Comme à VALENCIENNES.

NOMS DES VILLES.	OBSERVATIONS.
CLAMECY, dans le Nivernois.	Comme à PARIS.
CLERMONT-FERRANT, Capitale de l'Auvergne.	Comme à PARIS, pour toutes sortes d'effets. Certificat des Juge & Consuls, du 14 Janvier 1783.
CLERMONT-LODEVE, dans le Bas-Languedoc.	Comme à ALAIS.
COGNAC, dans l'Angoumois.	Comme à ANGOULÊME.
COMPIEGNE, dans l'Isle de France.	Comme à PARIS. Certificat du 30 Mai 1783.
CONDÉ, Ville du Hainaut.	Les Lettres-de-change, Billets valeur reçue comptant & Billets en marchandises, sont exigibles six jours après l'échéance. Edit de 1718.
COPENHAGUE, Ville du Danemarck.	Cette Place tire sur Amsterdam & Hambourg, à 15 jours de vue; & sur Londres, à deux mois de date. Les Places qui tirent sur Copenhague, le font à jour certain. Il y a huit jours de faveur, après lesquels il faut faire protester. Les Lettres à vue se paient ou protestent à présentation.

NOMS DES VILLES.	OBSERVATIONS.
CORMEILLES, près Lisieux, en Normandie.	Comme à ROUEN.
COSNE, dans l'Orléanois.	Comme à PARIS.
CREVE-CŒUR, en Picardie.	Comme à AMIENS.
DAMERY, en Champagne.	Comme à TROYES.
DARNETAL, en Normandie, est censé Fauxbourg de Rouen, quoiqu'il en soit éloigné d'une lieue.	Comme à ROUEN.
DECISE, en Nivernois.	Comme à NEVERS.
DIEPPE, dans la Haute-Normandie.	Comme à ROUEN. Certificat du 5 Juin 1783.

NOMS DES VILLES.	*OBSERVATIONS.*
DIJON.	On suit un Arrêt de Réglement du 30 Avril 1773, qui ordonne « que *toutes Lettres-de-change & Billets* » *à ordre valeur reçue comptant*, qui doivent être » payés à Dijon & dans les autres Villes, Bourgs » & lieux du ressort de la Cour, jouiront de dix » jours de grace, sans que, pendant ledit délai, » on puisse les faire payer ou protester avant le » dixieme jour. » Que les Billets à ordre ou au *Porteur*, ou de » simples promesses négociables, causées pour » valeur reçue en marchandises, jouiront d'un mois » de grace. » Que dans le cas où le jour fixé pour le protêt » des Lettres ou Billets, échéroit un jour de Fête » ou de Dimanche, le protêt pourra être fait ledit » jour : à l'effet de quoi enjoint à tous Huissiers de » le faire à la premiere requisition du Créancier, » sans qu'on puisse protester la veille. » Ordonne que tous effets de commerce ne joui- » ront d'aucuns jours de grace, lorsque le mot pré- » fix se trouvera joint au terme du paiement. » Ordonne pareillement que tous effets payables » en Foire, échéront le dernier jour de la Foire. » Certificat du 15 Janvier 1783.
DINANT, en Bretagne.	*Voyez* RENNES.
DOL, en Bretagne.	Comme à RENNES. *Voyez* RENNES.
DOL, dans la Haute-Bretagne.	Comme à RENNES.

DONCHERY,

NOMS DES VILLES.	OBSERVATIONS.
DONCHERI, en Champagne.	Comme à TROYES.
DONZI, en Nivernois, par Cône-sur-Loire.	Comme à NEVERS.
DOUAY, dans le Pays-Bas.	Six jours pour tous les Effets de Commerce. Certificat des Juge-Consuls de Saint-Quentin, du 15 Janvier 1783. *Nota.* Il y a à Douay l'Abbaye de S. Amé, dans le Cloître de laquelle demeurent plusieurs Marchands, dont les Lettres-de-change, les Billets valeur comptant ont dix jours, & les Billets en marchandises un mois, parce que cette Abbaye est du ressort du Conseil d'Artois.
DOURDAN, dans l'Isle de France.	Comme à PARIS.
DREUX, dans l'Isle de France.	Comme à PARIS.
DUNKERQUE, dans le Comté de Flandres.	Tous les Effets de Commerce y jouissent de dix jours de grace. Ils doivent être protestés le dixieme jour préfix, ni plutôt, ni plus tard, même quand le jour tombe un Dimanche ou une Fête. Tel est l'usage immémorial de cette Place. Certificat des Juge & Consuls, du 31 Décembre 1782.

NOMS DES VILLES.	OBSERVATIONS.
ELBŒUF, en Normandie.	Comme à ROUEN.
ÉPERNAY, en Champagne.	Comme à PARIS.
ETAMPES, en Beauce.	Comme à PARIS.
EU, en Normandie.	Comme à ROUEN.
EVREUX, dans la Haute-Normandie.	Comme à ROUEN.
FALAISE, dans la Basse-Normandie.	Comme à ROUEN.
FÉCAMP, en Normandie.	Comme à ROUEN.
FONTAINE-L'EVÊQUE, Ville de France, dans le Hainaut.	Comme à VALENCIENNES. Edit de 1718.

NOMS DES VILLES.	OBSERVATIONS.
FONTENAY-LE-COMTE, dans le Bas-Poitou.	Comme à POITIERS.
FRANCFORT, SUR LE MEIN.	Toutes les Lettres-de-change ſur Francfort, y doivent être payées en carolins, à moins qu'elles ne ſoient ſtipulées autrement. L'uſance des Lettres ſur cette Place eſt de quatorze jours de vue, qui commencent le jour de l'acceptation. Les Lettres-de-change à uſance & à quelques jours de vue, y ont quatre jours de grace, dans leſquels les Fêtes & Dimanches *ne ſont point compris*. Les Lettres à vue n'ont point de jours de faveur.
GÊNES, Ville d'Italie.	Trente jours de grace.
GENEVE.	Geneve tire aux échéances ci-après : Sçavoir ; Sur Amſterdam, Londres, } à deux uſances. Auguſte, Nuremberg, Francfort, Leipſick, } à quatorze jours de vue, ou en Foires. Livourne, Milan, } à huit jours de vue. la France, à vue, à courts jours, à uſance & en paiement. Toutes les Lettres ſur Geneve doivent être

NOMS DES VILLES.	OBSERVATIONS.
SUITE DE GENEVE.	payées en argent courant, excepté qu'elles ne soient ſtipulées en quelques autres eſpeces. Les Lettres y ont cinq jours de grace, le Dimanche compris. L'uſance de Geneve eſt de trente jours. Ceux qui ont quelque garantie à exercer contre des Marchands de Geneve, au ſujet des Lettres-de-change tirées ou endoſſées par eux, & proteſtées à Geneve, ſont obligés de faire ſignifier les protêts dans les termes ci-après : Ceux demeurant dans la Ville, dans huit jours; Ceux de Lyon, de Suiſſe & de Savoie, dans un mois; Ceux d'Angleterre, de Suede & Danemarck, dans trois mois; Ceux d'Eſpagne & de Portugal, dans 4 mois. Si les Lettres ont été proteſtées hors de la Ville, les diligences pour recourir contre un Habitant de Geneve, ſont les mêmes que ci-deſſus; le tout à compter de la date du protêt; à faute de ce, les Porteurs deſdites Lettres ſeront déchus du droit qu'ils pourroient avoir contre les Tireurs & Endoſſeurs.
GIEN, Orléanois.	Comme à AUXERRE.
GISORS.	Comme à ROUEN.
GOURNAY, en Normandie.	Comme à ROUEN.

NOMS DES VILLES.	OBSERVATIONS.
GRANDVILLE, en Normandie.	Comme à ROUEN.
GRASSE, en Provence.	Comme à ARLES.
GRENOBLE, en Dauphiné.	Le Porteur peut faire le protêt le lendemain de l'échéance de tous les effets ; comme il a la faculté d'accorder dix jours pour les Lettres-de-change & Billets valeur reçue comptant, & trois mois pour les Billets en marchandises. Certificat des Echevins de Grenoble, du 8 Janvier 1763.
GUIBRAY, Fauxbourg de Falaise, où se tient la Foire de Guibray; quoiqu'elle ne soit censée ouverte que du 15 Août, après l'Office; cependant elle ouvre le 11 pour la vente des chevaux, & le 13 pour la vente des marchandises.	Les effets payables en Foire, soit qu'ils soient causés valeur en marchandises, ou autrement, sont exigibles le huitieme jour de la Foire préfix, à compter du 15, les Fêtes non comprises. On fait aussi des Billets payables à un tel jour de la Foire, comme le premier, le second, le troisieme, &c. Ces Billets n'ont point de jours de grace, quelle que soit la valeur y exprimée. Ils sont exigibles le jour déterminé par le Billet, à compter du 15, les Fêtes non comprises.

NOMS DES VILLES.	OBSERVATIONS.
HAMBOURG, Ville d'Allemagne,	Hambourg tire ordinairement aux échéances ci-après, sur les Places de sa correspondance. Sur Amsterdam, — à un ou deux mois, à tant de jours ou de semaines de date. Auguste, Nuremberg, — à trente-trois jours de date. Breslaw, Prague, Vienne, — à quatre semaines de date. Copenhague, — à tant de semaines de date. Francfort sur le Mein, Leipsick, — en Foires & à quelques semaines de date. Cadix, Lisbonne, Venise, — à deux mois d'usance & trente jours de date, c'est-à-dire à soixante jours de date. Paris, Londres, — à deux usances de trente jours de date. On a douze jours de grace, compris les Dimanches & Fêtes, pour le paiement des Lettres-de-change à Hambourg. Si le douzieme jour se trouve Fête, il faut protester la veille, ou le onzieme jour. La plupart des Négocians ne profitent pas des jours de faveur, & paient le jour de l'échéance même. Les Lettres à vue acceptées, & celles à quelques jours de vue, jouissent des jours de faveur. Les Lettres sur Hambourg, à usance ou mois de date, échoient à la même date qu'elles sont tirées : par exemple, une tirée le 24 Mars, échoit le 24 Avril. La Banque ne se ferme qu'une fois l'année ; sça-

NOMS DES VILLES.	OBSERVATIONS.
SUITE DE HAMBOURG.	voir, le 31 Décembre, & se rouvre le 14 Janvier. Les Lettres qui échoient le 31 Décembre, ou quelques jours auparavant, doivent être payées avant la fermeture de la Banque, & ne jouissent d'aucuns jours de grace; celles qui n'échéroient que les 2, 4 ou 6 de Janvier, ne peuvent être payées que le 14, & pour lors elles ne jouissent d'aucuns jours de faveur.
HARFLEUR, en Normandie.	Comme à ROUEN.
HAVRE-DE-GRACE.	Comme à ROUEN.
HENNEBOUT, OU HENNEBON, en Bretagne.	Comme à RENNES.
HOUGUE, OU HOGUE, en Normandie.	Comme à CAEN.
HONFLEUR, en Normandie.	Comme à ROUEN.
HOUDAN, en Beauce.	Comme à CHARTRES.

NOMS DES VILLES.	OBSERVATIONS.
JOIGNI, en Champagne.	Comme à SENS.
JOINVILLE, en Champagne.	Comme à PARIS.
ISIGNY, en Normandie.	Comme à CAEN,
ISSOUDUN, en Berri,	Comme à BOURGES.
LA CHARITÉ-SUR-LOIRE, en Nivernois,	Comme à NEVERS,
L'AIGLE, en Normandie,	Comme à ROUEN.
LAMBALLE, ſept lieues de Saint-Brieux, en Bretagne.	Comme à RENNES,

LANDRECIE,

NOMS DES VILLES.	OBSERVATIONS.
LANDRECIE, en Hainaut.	Les Lettres-de-change, Billets valeur comptant & Billets en marchandifes, font exigibles fix jour après l'échéance. Edit de 1718.
LANGRES, en Champagne.	Comme à PARIS. Certificat du 17 Juin 1783.
LAON, en Picardie, Capitale du Laonois.	Comme à PARIS.
LA ROCHELLE, Ville Capitale de l'Aunis.	L'ufage conftant pour les jours de grace, eft de dix jours pour les Lettres-de-change, les Billets valeur comptant, & ceux valeur en marchandifes. Les protêts ne fe font jamais que le dixieme jour, avec la diftinction que, pour les Billets valeur en marchandifes, *on a trois mois pour faire fes diligences* (1). Certificat du 31 Mai 1783. (1) D'après les termes de ce Certificat, il fembleroit qu'après le protêt, le Porteur auroit trois mois pour exercer fon recours; mais, le protêt fait, j'invite le Porteur à le dénoncer dans la quinzaine, outre un jour par cinq lieues.

NOMS DES VILLES.	OBSERVATIONS.
LAVAL, dans le Bas-Maine.	Les Lettres-de-change & Billets valeur reçue comptant, dix jours de grace. Les Billets en marchandiſes, un mois. Certificat des Conſuls du Mans, du 19 Janvier 1783.
LAVAUR, dans le Haut-Languedoc.	Comme à TOULOUSE.
LAUSANNE, en Suiſſe.	Uſances, trente jours. Cinq jours de grace, non compris le Dimanche.
LEIPSICK, Ville d'Allemagne.	L'acceptation des Lettres-de-change tirées en Foire, ſe fait ordinairement le ſecond jour après leur ouverture ; il eſt néanmoins permis d'en remettre l'acceptation juſqu'à la ſemaine des paiemens, laquelle ne commence qu'après la publication de la fin des Foires, & dure juſqu'au cinquieme jour ſuivant, incluſivement, pendant lequel tems elles doivent être proteſtées, faute de paiement; on peut le faire juſqu'à dix heures du ſoir du cinquieme jour, & plus tard on ne feroit pas reçu. L'Uſance de Leipſick eſt de quatorze jours de vue, qui ne ſe comptent que du lendemain de l'acceptation ; ainſi une Lettre qui ſeroit acceptée le premier jour d'un mois, eſt payable le quinze ;

NOMS DES VILLES.	OBSERVATIONS.
SUITE DE LEIPSICK.	& si ce jour étoit un Dimanche, elle le seroit le Samedi. Il n'y a point de jours de grace à Leipsick; pour être en regle, il faut faire protester le jour même de l'échéance. On ne peut exiger l'acceptation des Lettres payables au-delà de l'usance, que lorsqu'il n'y a que l'usance à courir.
LENS, Ville de France, en Artois.	Lettres-de-change, } 10 jours. Billets valeur comptant, } Billets en marchandises, 1 mois. *Voyez* SAINT-QUENTIN.
LE QUESNOY, Ville de France, dans le Hainaut.	Les Lettres-de-change, Billets valeur comptant, & Billets en marchandises, sont exigibles six jours après l'échéance. Edit de 1718.
LILLE, Ville Capitale de la Flandre Françoise.	Six jours de grace pour toutes sortes d'effets. Cependant le Porteur peut attendre au dixieme jour inclusivement; ainsi le protêt fait le dixieme jour, est bon. Les Lettres à vue ont pareillement six jours de grace après celui qui date l'acceptation. Sur le refus d'accepter, protester faute de paiement, six jours après le protêt, faute d'acceptation. Il en est de même des Lettres à plusieurs jours de vue.

NOMS DES VILLES.	OBSERVATIONS.
SUITE DE LILLE.	Les Lettres tirées à jour *préfix*, ont pareillement six jours de grace. Les usances sont comptées pour le mois courant, du 10 Février au 10 Mars, ainsi des autres, & non par le nombre de 30 jours. Edit de 1715. Certificat du 12 Juin 1783.
LILLERS, Ville de France, en Artois, sept lieues d'Arras.	Les Lettres-de-change, } 10 jours. Billets valeur comptant, } Billets en marchandises, 1 mois. *Voyez* SAINT-QUENTIN.
LIMOGES, Capitale du Limousin.	Les jours de grace sont à la volonté du Porteur, qui, pour les Lettres-de-change, peut attendre dix jours, ou protester le lendemain ; de même pour les Billets valeur reçue comptant. Il peut aussi attendre trois mois pour les Billets valeur en marchandises. Certificat du 27 Janvier 1783.
LISBONNE, Capitale du Portugal.	Les Lettres acceptées à Lisbonne ont six jours de *faveur*, (il faut en exempter celles tirées du Portugal, qui en ont quinze) ; celles qui ne sont pas acceptées, ne jouissent d'aucun jour de grace, & doivent être protestées le jour même de leur échéance.

NOMS DES VILLES.	*OBSERVATIONS.*
LIVOURNE, Ville d'Italie.	A Livourne, & dans quelques autres Places d'Italie, comme Milan, il n'y a point de tems réglé pour les jours de grace ; le Porteur a la liberté d'attendre quelque tems s'il veut, ou de faire protester à l'échéance. *PHOONSEN*. Il faut cependant observer que les Lettres se paient suivant l'usage de la Place, les Lundis, Mercredis & Vendredis. Ainsi une Lettre qui écherroit le Samedi, ne pourroit être présentée & protestée que le Lundi suivant.
LISIEUX, en Normandie.	Comme à ROUEN.
LOCHES, en Touraine.	*Voyez* TOURS.
LODEVE, Ville en Languedoc.	Comme à TOULOUSE.
LONDRES.	Trois jours de grace; & si l'échéance tombe un Dimanche, il faut protester la veille.

NOMS DES VILLES.	OBSERVATIONS.
L'ORIENT, en Bretagne.	Comme à RENNES.
LOUDUN, en Poitou.	Comme à CHATELLERAULT. *Voyez* le *Nota* ſur cette Ville.
LOUVIERS, dans la Haute-Normandie.	Comme à ROUEN.
LUÇON, en Poitou.	Comme à NIORT.
LYON.	Il y a à Lyon quatre Foires franches par année, & qui durent chacune quinze jours ouvriers. La premiere, nommée la *Foire des Rois*, commence le Lundi d'après cette Fête ; la ſeconde, appellée la *Foire de Pâque*, le Lundi après *Quaſimodo* ; la troiſieme, eſt celle d'*Août*, & commence le 4 du même mois ; la quatrieme, eſt celle des *Saints*, & commence le 3 Novembre. Pendant ces quatre Foires, les marchandiſes qui ſortent du Royaume, ſont exemptes de tous droits, à l'exception de ceux de la traite domaniale, pourvu que les balles & ballots ſoient marqués ſous l'emballage des armes de Lyon, & qu'ils ſoient accompagnés de Certificats de franchiſe. Après chaque quinze jours de Foire, il y en a quinze autres ouvrables, ou non, qui forment ce qu'on appelle *la franchiſe*, mais qui n'eſt qu'en faveur des Suiſſes & Allemands, inſcrits à l'Hôtel-de-Ville de Lyon, pendant leſquels ils jouiſſent des mêmes exemptions que dans le tems de la premiere Foire. Il y a auſſi quatre paiemens qui portent les noms des Foires qui les précedent ; l'ouverture doit s'en faire ſuivant l'article premier du Ré-

NOMS DES VILLES.	*OBSERVATIONS.*
SUITE DE LYON.	glement de la Place du Change de la Ville de Lyon, du 1 Juin 1667, le premier jour non férié des mois ci-après. L'ouverture du paiement des *Rois* se fait le premier de Mars; Du paiement de *Pâque*, le premier Juin; Du paiement d'*Août*, le premier Septembre; Et du paiement des *Saints*, le premier Décembre. Suivant le même article, les Lettres doivent être acceptées dans les six premiers jours de chaque paiement, après lesquels on peut les faire protester, faute d'acceptation. Cependant l'usage est d'attendre le 30, pour donner le tems au Tireur de faire les fonds. Le 16 du même mois commencent les écritures; & depuis ce jour jusqu'au 30 ou 31, se font les *Viremens* de partie entre les Négocians, qui, pour cet effet, se rendent à la Loge du Change, à dix ou onze heures. Enfin, le paiement en argent comptant, commence le premier jour ouvrier du mois suivant, pendant lequel tems se paient toutes les parties qui n'ont pas été *virées au Change. Le 3, au soleil couchant, on doit faire protester les Lettres en paiement, sans quoi elles seroient aux risques des Porteurs.* Les Lettres sur Lyon, *hors des paiemens, doivent être payées le jour même de leurs échéances, n'y ayant dans cette Ville aucun jour de grace.* A Lyon, on n'est tenu d'accepter que les Lettres en paiemens; toutes celles à diverses échéances ne s'acceptent point.
MACON, Ville de Bourgogne.	Point de jours de grace pour aucun effet. Le Porteur a la faculté de faire protester le lendemain de l'échéance, ou dans les dix jours, à son choix. Acte de notoriété du premier Juin 1780.
MADRID,	L'usance des Lettres tirées de Paris, de Londres & de Gênes, sur Madrid, est de 60 jours de date; Celle des Lettres de Rome est de trois mois de date préfixe. Les Lettres que Madrid tire sur Alicante, Valence, Barcelone, Carthagêne, Cadix & Séville, ainsi que celles que ces six Places tirent sur Madrid, sont à l'usance de huit jours de vue, & elles jouissent les unes & les autres de huit jours de grace.

NOMS *DES* VILLES.	*OBSERVATIONS.*
SUITE DE MADRID.	Les Lettres de Madrid ſur Bilbao, & celles de Bilbao ſur Madrid, jouiſſent de dix-neuf jours de grace, quand elles ſont à jours nommés; mais celles à vue doivent être payées à leur préſentation. Les Lettres d'Amſterdam, de Londres, de Paris & de Gênes ſur Madrid, jouiſſent de quatorze jours de grace, qui commencent le lendemain de l'échéance; & faute de paiement, elles doivent être proteſtées le quatorzieme jour de grace. Celles de Rome n'ont aucun jour de grace, & doivent être payées le jour préfix de l'échéance, ainſi que les Lettres à vue qui doivent l'être à leur préſentation. Les Lettres qu'on a refuſé d'accepter, ne jouiſſent d'aucun jour de grace, & doivent être proteſtées le jour même de l'échéance.
MAIENNE *OU* MAYENNE.	Lettres-de-change, } 10 jours. Billets valeur reçue comptant, } Billets en marchandiſes, 1 mois. Certificat des Conſuls du Mans, du 19 Janvier 1783.
MAILLEZAIS, en Poitou.	Comme à NIORT.
MAIXENT (S.), en Poitou.	Comme à NIORT.

NOMS DES VILLES.	OBSERVATIONS.
MANS, Capitale de la Province du Maine.	Les Lettres & Billets censés valeur comptant, ou en marchandises, n'ont que dix jours de grace. Cependant le protêt d'un Billet en marchandises, fait dans les trois mois, y compris les dix jours, seroit valable. Acte de notoriété, 28 Octobre 1775, & Certificat du 19 Janvier 1783.
MARIENBOURG, Ville de France, dans le Hainaut.	Comme à VALENCIENNES. Edit de 1718.
MARSEILLE.	On ne peut pas dire que les Lettres-de-change & Billets valeur reçue comptant, ou en marchandises, aient dix jours de grace. Il est libre au Porteur de les accorder & de protester dans l'un de ces dix jours, comme il peut attendre trois mois pour un Billet valeur en marchandises. Lorsque les effets portent le mot préfix, le Porteur n'a que vingt-quatre heures pour les faire protester. Certificat du 3 Janvier 1783.
MAUBEUGE, Ville de France, dans le Hainaut.	Lettres de Change, Billets, valeur comptant, Billets en marchandises, } exigibles 6 jours après l'échéance. Edit de 1718.

NOMS DES VILLES.	OBSERVATIONS.
MEAUX, Capitale de la Brie, ſur Marne.	Comme à PARIS.
METZ, Capitale du Pays Meſſin, en Lorraine.	Le Porteur des Lettres-de-change & Billets valeur reçue comptant, ou valeur reçue, peut en exiger le paiement, ſi bon lui ſemble, dans tel des dix jours qui ſuivent l'échéance. Les Billets en marchandiſes peuvent également ſe proteſter le lendemain; mais il eſt libre au Porteur d'attendre un mois, & pas au-delà, c'eſt-à-dire, qu'il doit proteſter au plus tard dans un mois, autrement il perdroit ſa garantie contre les Endoſſeurs. Certificat du 13 Janvier 1783.
MEZIERES, en Champagne.	Comme à PARIS.
MILAN, Ville d'Italie.	Point de jours de grace. Cependant le Porteur d'une Lettre-de-change peut accorder quelques jours, pouvu qu'il faſſe mettre le vu par un Notaire.
MIREBEAU, Ville de Poitou.	Comme à CHATELLERAULT.

NOMS DES VILLES.	OBSERVATIONS.
MONTARGIS.	Comme à PARIS.
MONTAUBAN, Ville de France, en Quercy.	Dans cette Ville & dans le reſſort de la Juriſdiction Conſulaire, tous les Effets de commerce jouiſſent de dix jours de grace. Les protêts ſe font le dernier des dix jours. Certificat du 12 Janvier 1783.
MONTELIMARD, en Dauphiné.	Comme à GRENOBLE.
MONTPELLIER, Ville de France, en Languedoc.	Il n'y a pas de jours de grace acquis; le Porteur a le droit de proteſter le lendemain de l'échéance, comme il a la faculté de ne le faire que dans les dix jours, pour Lettres-de-change & Billets valeur reçue comptant, & même, dans trois mois, pour les Billets en marchandiſes. Certificat du 6 Juin 1783.
MORLAIX, en Bretagne.	Lettres-de-change & Billets valeur comptant, dix jours. Billets en marchandiſes, un mois. Certificat du 6 Juin 1783. *Voyez* RENNES.
MOULINS, Capitale du Bourbonnois.	Comme à PARIS.

NOMS DES VILLES.	OBSERVATIONS.
NANCY, Capitale de la Lorraine.	L'usance est la même qu'à Paris ; mais les Lettres-de-change & Billets censés valeur reçue comptant, ou en marchandises, ne jouissent d'aucun jour de grace. Les Porteurs sont obligés de les faire protester le jour de l'échéance, ou la veille, si elle tombe un jour de Dimanche ou Fête. Certificat des Juge & Consuls de Nancy, du 4 Janvier 1783.
NANTES, en Bretagne.	Lettres-de-change, Billets valeur comptant, ou en marchandises, dix jours de grace ; mais pour les Billets en marchandises, le Porteur a la faculté d'attendre trois mois. Certificat du 11 Janvier 1783.
NAPLES, Ville d'Italie.	Il y a plusieurs Banques à Naples ; les principales sont celles du S. Esprit, celle des Pauvres, celle du Mont-de-Piété, celle de S. Elisée, celle de S. Jacques, &c. Les paiemens des Lettres-de-change, & généralement de toutes les autres dettes, au-dessus de dix ducats, doivent être faits dans une de ces Banques, à peine de nullité ; pour cet effet, tous les Banquiers, Négocians & autres déposent les fonds qu'ils trouvent à propos dans une de ces Banques ; elle leur délivre une feuille de papier en blanc, paraphée & timbrée du sceau de la Banque, sur laquelle on fait mention de la somme qu'on y a déposée ; cette feuille s'appelle *Madrefede*, & peut être regardée comme un compte courant, attendu qu'elle est tenue en débit & crédit. Ces Banques ne payant que le Samedi de chaque semaine, les Lettres-de-change ou autres effets qui écheoient les autres jours de la semaine, sont acquittées par des

NOMS DES VILLES.	OBSERVATIONS.
SUITE DE NAPLES.	aſſignations ſur la Banque que fourniſſent ceux ſur qui elles ſont; ces aſſignations doivent faire mention de la choſe pour laquelle on les donne : Par exemple, ſi c'eſt une Lettre-de-change, on y ſtipule d'où, par qui elle eſt tirée, en faveur de qui, les endoſſemens & les échéances; on doit avoir ſoin de faire ſouſcrire ces aſſignations en Banque; & pour lors on rend les Lettres-de-change & autres Effets. Les Lettres à vue ſur Naples n'ont aucuns jours de grace, & les autres en ont trois.
NARBONNE, Ville du Languedoc.	Comme à CARCASSONNE.
NÉRAC, en Gaſcogne.	Comme à BORDEAUX.
NEVERS, Capitale du Nivernois.	Comme à PARIS. Certificat du 18 Juin 1783.
NISMES, dans le Bas-Languedoc.	Comme à MONTPELLIER. Certificat des Maire & Echevins, du 4 Janvier 1783.

NOMS DES VILLES.	OBSERVATIONS.
NIORT, en Poitou.	Tous les effets n'ont que dix jours, en obſervant cependant que, pour les Billets en marchandiſes, le Porteur peut attendre trois mois, ſuivant l'ancien uſage, non-ſeulement de cette Ville, *mais encore de tout le Poitou.* Certificat du 7 Janvier 1783.
NOYON, dans l'Iſle de France.	Comme à PARIS.
ORLÉANS.	Les Lettres-de-Change & Billets à ordre cauſés valeur reçue comptant, ou en marchandiſes, ont indiſtinctement dix jours de grace; cependant le Porteur d'un Billet en marchandiſes peut attendre trois mois pour proteſter, ſans perdre ſa garantie.

NOMS DES VILLES.	OBSERVATIONS.
PARIS.	Lettres-de-change, Billets valeur comptant, ou en compte, ou reçue, dix jours de grace. Billets en marchandises, un ou trois mois, à la volonté du Porteur. Lettres & Billets, à jour *fix* ou *préfix*, point de jours de grace, suivant l'Arrêt de la Cour, portant Réglement, du 2 Juillet 1777.
PARTENAY, Ville de Poitou.	Comme à CHATELLERAULT.
PAU.	Rigoureusement il n'y a point de jours de grace; mais le Porteur peut attendre dix jours après l'échéance, pour faire le protêt des Lettres & Billets valeur reçue comptant & en marchandises. Il faut encore observer que, pour ces derniers Billets, on n'obtient la condamnation qu'après, ou avec un terme de trois mois. Certificat du Greffier du Parlement, du 20 Juin 1783.
PERIGUEUX, Capitale du Périgord.	Comme à BORDEAUX.
PERPIGNAN, Capitale du Roussillon.	Tous les Effets de commerce y sont exigibles le jour de leur échéance; les jours de grace (1) sont

(1) C'est-à-dire, pour les Lettres & Billets valeur comptant, dix jours; & Billets en marchandises, un mois.

NOMS DES VILLES.	OBSERVATIONS.
SUITE DE PERPIGNAN,	en faveur du Porteur, qui peut, si bon lui semble, les accorder, sans nuire à ses droits. Certificat du 17 Janvier 1783.
PEZENAS, en Languedoc.	Comme à TOULOUSE.
PHILIPPEVILLE, Ville de France, dans le Hainaut.	Comme à VALENCIENNES.
POITIERS, Capitale du Poitou.	Comme à CHATELLERAULT. Certificat du 5 Février 1783. *Voyez* CHATELLERAULT.
PONT-A-MOUSSON, en Lorraine.	Comme à METZ.
PONT-DE-L'ARCHE. en Normandie.	Comme à ROUEN.
PONTHIEU, en Picardie.	Comme à ABBEVILLE.

PONTIVI,

NOMS DES VILLES.	*OBSERVATIONS.*
PONTIVI, en Bretagne.	Comme à RENNES.
PONTOISE, Capitale du Vexin François.	Comme à PARIS.
PONTORSON, en Normandie.	Comme à ROUEN.
QUINTIN, en Bretagne.	Comme à RENNES.
QUIMPER-CORENTIN, en Bretagne.	Comme à RENNES.

NOMS DES VILLES.	OBSERVATIONS.
RHEIMS, en Champagne.	Les Lettres-de-change, dix jours de grace. Billets valeur reçue comptant, dix jours. En marchandises, un ou trois mois, à la volonté du Porteur. En Foire, le dernier jour de la Foire. Certificat du 15 Janvier 1783.
RENNES, Capitale de la Bretagne.	A Rennes, & dans toutes les autres Villes de la Province, excepté à Nantes, les Lettres-de-change, Billets valeur comptant, dix jours. Billets en marchandises, un mois. Certificat du 14 Janvier 1783. *Voyez* NANTES.
RÉTHEL-MAZARIN, en Champagne.	Comme à RHEIMS.
RIOM, en Auvergne.	Comme à PARIS. *Nota.* Les Protêts ne sont guere en usage que pour les Lettres-de-change; on se contente de faire de simples sommations pour les Billets. Certificat des Juge & Consuls de Riom, du 2 Janvier 1783.

NOMS DES VILLES.	OBSERVATIONS.
ROCHEFORT, ſur Mer.	Comme à LA ROCHELLE.
ROMANS, en Dauphiné.	Comme à GRENOBLE.
ROTTERDAM, Ville de la Hollande.	L'uſance ſur Rotterdam eſt de trente jours. Les Lettres à vue doivent être payées à préſentation. Les autres Lettres jouiſſent de ſix jours de grace.
ROUEN, Capitale de Normandie.	On ſuit l'Ordonnance de 1673, d'après laquelle les Lettres-de-change & Billets valeur comptant ſe proteſtent le dixieme jour. Et les Billets en marchandiſes, dans les trois mois. Certificat du 4 Juin 1783.

NOMS DES VILLES.	OBSERVATIONS.
SAINT-AGNAN, en Berry.	Comme à BOURGES.
SAINT-BRIEUC, en Bretagne.	Comme à RENNES & MORLAIX.
SAINT-CLAUDE, en Franche-Comté.	Comme à BESANÇON. *Voyez* DIJON.
SAINT-FLOUR, en Auvergne.	Comme à CLERMONT.
SAINT-JEAN d'Angely.	Comme à SAINTES.

NOMS DES VILLES.	OBSERVATIONS.
SAINT-LO, en Normandie.	Comme à ROUEN.
SAINT-MALO, en Bretagne.	Lettres & Billets à ordre, valeur reçue comptant, dix jours de grace. Billets en marchandiſes, un ou trois mois, à la volonté du Porteur. Certificat du 4 Février 1783.
SAINT-OMER, Ville de France, en Artois.	Les Lettres-de-change, Billets valeur comptant, dix jours de grace. Billets en marchandiſes, un mois. *Voyez* SAINT-QUENTIN.
SAINT-PAUL, Ville de France.	Les Lettres-de-change, dix jours. Billets valeur comptant, dix jours. Billets en marchandiſes, un mois. *Voyez* DOUAY, à la Note.
SAINT-QUENTIN,	Les Lettres-de-change, } dix jours. Billets valeur comptant, } dix jours. Billets en marchandiſes, un mois. *Nota.* Il ne faut pas confondre les uſages de Flan-

NOMS DES VILLES.	OBSERVATIONS.
SUITE DE SAINT-QUENTIN.	dre & ceux de l'Artois, petite Province qui n'a que vingt lieues de tour, sur dix de large. Dans tout l'Artois, on accorde, pour Lettres-de-change & Billets, valeur comptant, 10 jours, & pour les Billets en marchandises, un mois. Les Villes de l'Artois sont principalement Béthune, Saint-Paul, Aire, Saint-Omer, Lillers, Lens & Bâpaume. *Voyez* ces Villes. Certificat des Juge & Consuls de Saint-Quentin, du 15 Janvier 1783. *Voyez* DOUAY.
SAINT-VALLERY, en Caux.	Comme à ROUEN.
SAINT-VALLERY, en Picardie.	Comme à ABBEVILLE.
SAINTES, Capitale de la Saintonge.	On suit exactement l'Ordonnance de 1673. Certificat du 30 Juillet 1783.

NOMS DES VILLES.	*OBSERVATIONS.*
SANCERRE, en Berry.	Comme à BOURGES.
SAULIEU, en Bourgogne.	*Voyez* DIJON.
SAUMUR, en Anjou.	Comme à ANGERS.
SEDAN.	Comme à PARIS. Certificat du 2 Juin 1783. *Nota.* On proteste la veille quand le jour de l'échéance tombe une Fête ou un Dimanche ; de même on peut protester le jour du Dimanche ou de la Fête; dans l'un & l'autre cas le Protêt est bon.
SÉES *ou* SÉEZ, en Normandie.	Comme à ROUEN.

NOMS DES VILLES.	OBSERVATIONS.
SEIGNELEY, en Bourgogne.	Comme à PARIS.
SÉMUR, Ville de France en Bourgogne, Capitale de l'Auxois.	Comme à DIJON.
SENLIS, dans le Valois.	Comme à PARIS.
SENS, en Bourgogne.	Comme à PARIS.
SÉVILLE, Ville d'Eſpagne.	Quatorze jours de grace.
SOISSONS, Capitale du Soiſſonnois, dans l'Iſle de France.	Comme à PARIS.

NOMS DES VILLES.	OBSERVATIONS.
SPA.	Les Lettres-de-change & Billets, de quelque maniere qu'ils soient causés, n'ont aucuns jours de grace. Le Porteur doit protester le lendemain de l'échéance ; autrement il perd son action en garantie. Acte de notoriété du 24 Mai 1777.
THIERS, Ville d'Auvergne.	*Voyez* CLERMONT.
THIONVILLE, dans le Luxembourg.	Comme à METZ.
THOUARS, Ville du Poitou.	Comme à CHATELLERAULT.
TONNERRE, en Champagne.	Comme à PARIS.

NOMS DES VILLES.	OBSERVATIONS.
TOUL, en Lorraine.	Comme à METZ.
TOULOUSE, dans le Haut-Languedoc.	Le porteur d'une Lettre-de-change a la faculté de la faire protester le lendemain de l'échéance, ou d'attendre le dixieme jour, sans être exposé à perdre sa garantie. On suit le même usage pour les Billets, avec cette différence, que, pour ceux valeur en marchandises, le porteur peut attendre trois mois sans nuire à ses droits contre les Endosseurs. Acte de notoriété du 26 Novembre 1762. Les effets, payables à jour fixe ou préfixe, ne jouissent d'aucuns jours de grace.
TOURS, Ville de France, Capitale de la Touraine.	Lettres-de-change, 10 jours de grace. Billets valeur comptant, 10 jours. Billets en marchandises, 10 jours; mais le porteur a la faculté de protester dans les trois mois, sans perdre son action en garantie.

NOMS DES VILLES.	OBSERVATIONS.
SUITE DE TOURS.	Lorsque l'échéance tombe un jour de Fête, le paiement s'exige la veille (1). Certificat des Consuls de Tours. *Voyez* DIJON.
TREGUIER, en Bretagne, onze lieues de Saint-Brieuc.	Comme à RENNES.
TROIES, en Champagne.	Comme à PARIS. Certificat des Juge & Consuls de Troies, du 31 Décembre 1782. *Voyez* PARIS.
TULLE, en Limousin.	Comme à CLERMONT.

(1) Il y a des villes où cet usage n'a pas lieu.

NOMS DES VILLES.	OBSERVATIONS.
TURIN.	Les Lettres-de-change à vue ſur Turin, doivent être payées à leur préſentation. Les uſances y ſont comptées pour les Lettres qui viennent de l'Etranger ; ſçavoir, Pour celles d'Angleterre, de trois mois de date ; Pour celles de la Hollande, de deux mois de date ; Pour la France, d'un mois de date. Pour toutes les autres Places, le terme pour le paiement des Lettres-de-change commence dès le jour qu'on les préſente pour l'acceptation, & il expire dans le nombre des jours qu'il faut ordinairement pour l'envoi des Lettres & réponſes par la voie ordinaire de la Poſte, depuis le lieu d'où les Lettres-de-change ſont tirées, juſqu'à celui ou elles doivent être acquittées, & cela par regle fixe ; ce qui fait que communément l'on regle les uſances : ſçavoir, De Geneve, Milan & Gênes, à 8 jours de vue. De Veniſe, De Florence, De Livourne, De Rome, } à 10 jours de vue. De Vienne, D'Auguſte, Des autres Places, D'Allemagne. } à 15 jours de vue. Par ordre du Roi, pour ce qui concerne les Lettres-de-change, dans leſquelles le temps de l'échéance ſera fixé, l'on ne devra pas différer de les préſenter au-delà du terme de deux mois de-

NOMS DES VILLES.	OBSERVATIONS.
SUITE DE TURIN.	puis leur date ; & il en ſera de même par rapport à la demande du paiement de celles *qui ſont payables à vue* (1) ; autrement l'on ſera cenſé n'avoir pas fait ſes diligences. Le jour de la date des Lettres doit être compté pour un jour de l'échéance. Quant aux jours de grace, le terme de cinq jours eſt arbitraire au porteur de la Lettre-de-change, c'eſt-à-dire, qu'il peut la faire proteſter le jour de l'échéance, ou en différer le protêt juſqu'au cinquieme jour, après le terme fixé par les mêmes Lettres, y compris les jours de Fêtes, à moins que le cinquieme jour ne ſe trouve Fête, auquel cas le protêt ſeroit différé juſqu'au premier jour non férié. Les jours de faveur ne ſeront cependant pas pour les Lettres à vue, non plus que pour celles à jour nommé. La coutume pour les paiemens eſt que l'on y paie le lundi les négociations qui ſe ſont faites entre Négocians de la Place pendant les jeudi, vendredi & ſamedi ; & le jeudi on paie celles des lundi, mardi & mercredi. Mais ce n'eſt qu'une coutume qu'on n'eſt pas obligé d'obſerver ; car celui qui livre une Lettre-de-change, eſt en droit de ſe la faire payer ſur le champ. Quant aux Lettres-de-change, tirées de l'Etranger ſur Turin, elles doivent être payées le lendemain de leur échéance ; le jour auquel elles échoient, étant pour le débiteur comme on l'a dit ci-deſſus. (1) Nous n'avons point en France de regles certaines à cet égard : auſſi voit-on ſouvent des porteurs de Lettres-de-change à vue, ſe préſenter après 4, 5 & 6 ans de leur date, & en demander le paiement, ſous prétexte qu'une pareille Lettre n'a d'autre échéance que la préſentation.

NOMS DES VILLES.	OBSERVATIONS.
USEZ, dans le Bas-Languedoc.	Comme à TOULOUSE.
VALENCE, en Dauphiné.	Comme à GRENOBLE.
VALENCIENNES, Capitale du Hainaut.	Il a été créé dans cette Ville une Jurifdiction Confulaire en 1718. L'article 20 de l'Edit porte: « Afin que l'ufage foit uniforme dans les parties du » Hainaut, Chef-lieu, Pays d'entre Sambre & » Meufe, Terres franches, Enclavemens & An- » nexes de notre obéiffance; ordonnons que les » Billets *à ordre*, *Lettres-de-change* & *Billets* pour » valeur en marchandifes, feront exigibles fix jours » après l'échéance; que les porteurs les pourront » faire protefter dans ledit temps de fix jours, & » *que les ufances* feront comptées *par mois ordinai-* » *res*, & non de 30 jours. » Toutes les Villes du Hainaut font donc foumifes à l'ufage prefcrit par cette loi. *Voyez* LILLE.
VANNES, en Bretagne.	Comme à PARIS. Certificat des Juge & Confuls de Vannes, du 2 Janvier 1783.
VARZY, Diocèfe d'Auxerre	Comme à AUXERRE.

NOMS DES VILLES.	*OBSERVATIONS.*
VENDÔME, Capitale du Vendômois.	Comme à PARIS.
VENISE, Ville d'Italie.	Six jours de faveur ; les Dimanches & Fêtes n'y sont pas compris.
VERDUN, en Lorraine.	Comme à METZ.
VERNEUIL, en Normandie.	Comme à ROUEN.
VERNON, en Normandie.	Comme à ROUEN.
VERSAILLES.	Comme à PARIS.
VIENNE, en Autriche.	L'usance des Lettres sur Vienne, est de quatorze jours, qui se comptent dès le jour de l'acceptation. Toutes les Lettres payables à demi-uso, à uso, à deux uso, & à quelques semaines de date, *ont 30 jours de grace.* Les Lettres à vue, ou à peu de jours, & à un jour *préfixe*, ne jouissent d'aucuns jours de grace.

NOMS DES VILLES.	OBSERVATIONS.
VIENNE, en Dauphiné.	Comme à GRENOBLE.
VIMOUTIER, en Normandie.	Comme à CAEN & à ROUEN.
VIRE, en Normandie.	Comme à PARIS. Certificat des Juge & Confuls de Vire, du 10 Février 1783.
VITRÉ, en Bretagne.	Comme à RENNES.
VITRI-LE-FRANÇOIS, en Champagne.	Comme à PARIS.

FIN.

Lu & approuvé, ce 1er Mars 1785. CADET DE SAINEVILLE.

De l'Imprimerie de la Veuve HERISSANT, rue Neuve Notre-Dame. 1785.

www.ingramcontent.com/pod-product-compliance
Lightning Source LLC
LaVergne TN
LVHW010001230826
846092LV00002B/583
9782329695020